Bert von Norden

Fussel schweben in der Luft

mit Fotografien von Michael Gielen

2. Auflage
© 2012 Bert von Norden

Herstellung und Verlag: Books on Demand GmbH, Norderstedt
Umschlaggestaltung © Geerdes Kommunikation, Rosengarten
Fotografien © Michael Gielen
ISBN 978-3-848-20108-2

Bert von Norden

Michael Gielen

Eigentlich für Carolin.

Fussel schweben in der Luft. Ich sitze auf dem Fußboden und starre auf die Mattscheibe des tragbaren Farbfernsehers. Flimmern. Ungeachtet spult sich das Programm ab. Ich nehme den Telefonhörer in die linke Hand, doch ich wage es nicht, ihre Nummer zu wählen. Was sollte ich auch sagen. ›Hallo, ich bin's. Wie geht's dir. Was machst du so.‹ Und dann?

Viele Gedanken fahren durch meinen Kopf, und ich überhöre, dass der Fernseher seit etwa 24 Sekunden keinen Ton mehr von sich gibt. Unterbrechung. Kenne ich.

Draußen bezwitschern die Vögel das Ende des Tages. Die Sonne versinkt langsam am Horizont. Ich esse eine von mir durch Extra-Beläge verfeinerte Pizza, trinke ein Glas gekühlten Rosé-Wein, und schaue mehrmals zur Uhr, weil in wenigen Minuten im Fernsehen ein Spielfilm beginnt. Wiederholung.

Es wird gar nicht richtig dunkel draußen. Der Himmel ist nicht schwarz, eher graublau. Lieblos. Vernünftig denken kann ich momentan nicht. Ich bin immer noch fasziniert von ihr. Ihr Gesicht. Ihr Lachen. Ihr Duft in meinem Kissen. Glücklich sein. Ein gutes Gefühl. Unsicher. Ich kneife meine Augen zu. Ein, zwei Tränen?

»Entschuldigung für alles. Manchmal denke ich, dass du für mich nur eine angenehme Gewohnheit geworden bist. All dies ist schrecklich für mich, und ich weiß nicht, was ich ma-

chen soll. Das ist es, was mich traurig macht, und an meinen Gefühlen für dich zweifeln lässt. Nachdem ich diesen Brief beendet haben werde, fällt mir garantiert ein großer Stein vom Herzen. Kein Mensch auf dieser Welt kann mir helfen. Was nützt es, wenn man immer wieder versucht, sich zusammenzuraufen. Vielleicht gebe ich auch sehr schnell auf. Ich denke über dich nach.«

Nach 97 Tagen war alles vorbei. Nichts gewesen? Kann nicht sein. Es war was. Was soll's.

Aus der kalten, feuchten, nebligen Nacht komme ich in die warme, stickige, verqualmte Kneipe. Plakate hängen an den Wänden, mit Klebeband befestigt, teilweise eingerissen oder bemalt. Ich setze mich an einen der runden, wackligen Holztische. Glasränder. Tabakkrümel. Ich schiebe die weiße Kerze von mir, weil sie mich blendet. Draußen schieben sich merkwürdige Gestalten am Fenster vorbei. Etwas essen wäre jetzt nicht verkehrt. Vielleicht im Falafel-Imbiss auf der gegenüberliegenden Straßenseite. Ach was. Rausgeschmissenes Geld. Alt werde ich heute ohnehin nicht. Warum habe ich überhaupt das Haus verlassen?

An der Theke steht *Dr. Unheimlich.* Cool und scheiße. Schon nervt mich das belanglose Publikum. Kann mich irgendjemand hören? Ich sehe alles doppelt. Auch die Schatten auf der grauen Rauhfasertapete. Die plötzlich

Kann mich irgendjemand hören?

aufleuchtende Flamme eines Feuerzeugs blendet mich für den Bruchteil einer Sekunde.

Im *Schuppen* ist es laut und muffig. Ich bin toll, weil ich keinen Eintritt bezahlen muss, und drängle mich an den bekannten nichtssagenden Gesichtern zur Tanzfläche durch. Sie ist da. Irgendwo auf der anderen Seite des Raums. Doch durch das schwache Licht kann ich niemanden erkennen. Der DJ verhunzt die Stimmung. Ich sehe mich noch einige Sekunden um, und gehe dann zur Theke, um mir ein Weizenbier zu bestellen. Auf dem Rückweg entdecke ich sie in der Menge. Ich warte darauf, dass sie mich sieht, auf mich zukommt. Sie weiß, was in meinem Kopf vor sich geht.

Tiefes Brummen aus den hohen Lautsprecherboxen lässt den mit Blechen verkleideten Fußboden vibrieren. Mein Körper und mein Weizenbier erzittern. Die Welt löst sich auf. Menschen stehen nebeneinander und verlieren sich. Ich versuche, im grellen Licht Konturen zu erkennen. Rauch. Musik. Eine laute weiße Wand. Die Welt kehrt aus dem Nichts zurück. Klarheit und der leichte Duft zahlreicher Parfums im Raum. Alles ist wahr, und nichts ist wirklich. Müdigkeit überkommt mich. Meine Nase läuft. Vier Grad kaltes Bier, und auf den Fliesen dampfender Urin.

Wartet sie auf das Gleiche wie ich? Denkt sie das Gleiche wie ich? Immer erst beim nächsten Mal. Warum

nicht gleich jetzt? Wieder eine Woche warten. Gefährlich, weil ich mich nicht wieder in sie verlieben darf.

3 Uhr morgens. Gerade zuhause angekommen, überlege ich, ob ich nicht hätte bleiben sollen. Sie vielleicht noch einmal ansprechen sollen. Vielleicht wäre etwas passiert. Was ich nicht alles hätte tun können. Hätte ich doch bloß etwas zu ihr gesagt. Aber beim Zähneputzen komme ich zu dem Schluss, dass wenn ihr etwas an mir liegt, sie sich melden wird. Irgendwann.

Was hat der Abend mir gebracht? Obwohl ich sehr müde bin, brauche ich lange, um einzuschlafen.

Wieder wache ich auf kurz bevor das Piepen des elektronischen Reiseweckers ertönt. Mein erster Gedanke: ›Was habe ich eben geträumt?‹ Vergessen. Ein paar Minuten liege ich mit geschlossenen Augen da, schaue dann noch einmal zur Uhr, und stehe schließlich auf.

Ich sitze am Frühstückstisch, und zerschneide ein Mohnbrötchen mit einem Messer aus rostfreiem Edelstahl. Kaffee. Schwarz. Träume. Wünsche. Warten worauf? Wovor habe ich Angst? Was will ich? Wen will ich? Sie. Meinem Küchenschrank erzähle ich, dass es mir gutgeht.

Der Tag ist lang. Ich suche das Zentrum der Erinnerung in mir. Wie war das damals. Sie stand mir gegen-

über, mit einem Glas Saft in der Hand, und wir schauten uns an. Ich habe das alles schon mal gesehen.

Kennenlernen. Was machst du morgen? Verabreden. Kuss. Zusammensein. Gedanken an gestern. Ein Labyrinth. Viele Erinnerungen. Ich sehe mich neben ihr stehen, aber wo? Wir gehen, aber wohin? In meinem Kopf läuft ein Film. Bild für Bild. Heute. Morgen. Tage. Ich möchte bei ihr sein.

Kinder lachen. Jemand hustet. Ich sehe hinaus. Jetzt regnet es wieder, und ich sitze auf meinem Bett, und trinke bereits die zweite Flasche Bier. Tausende Regentropfen hängen am Fenster, stürzen an der Scheibe nach unten, und behindern meine Sicht nach draußen. Meine Augen wandern hin und her. Suchen, aber finden nicht. Alles zieht an mir vorbei. Wie soll es weitergehen? Ich kratze mich am Kopf. Schön war es. Lang. Jeder Anfang ist das Ende.

Mülltonnen scheppern. Türen klappen. Schritte. Ich habe so viel Zeit, aber kann sie nicht nutzen, weil sie so schnell vergeht. Ich denke, so kann es nicht weitergehen. Es muss mal wieder etwas passieren. Nichts ernstes. Spaß haben zu zweit. Schlafen, Sex und Essen. Einmal die Nacht woanders verbringen.

Und nun. Wieder nach Hause. Nur in Gedanken bei ihr. Unzählige rote Pflastersteine. Mein Weg. Ich achte nur auf entgegenkommende Lichter, und auf das Grün und Rot

Eine manchmal wunderbare Einsamkeit.

der Ampeln. Was fange ich an mit der Nacht? Was fange ich an mit dem Tag? Schlafen. Nur schlafen. Gefühle verwirren. Ich möchte nicht weiter darüber nachdenken. Ich werde einfach abwarten. Nun liegt es bei ihr.

»Bei mir ist es eisig kalt. Mein Ölofen heizt nicht richtig, erkältet bin ich auch noch. Außer dem ist Chaos im Kopf. Ich sitze grundsätzlich zwischen zwei Stühlen: zwischen Freiheitsgedanken und Gefühlen. Also wohl doch ein bitterschwarzes Loch.

Ich hatte keine Lust, nachzudenken, mir Gedanken zu machen, aber so langsam bekomme ich wieder Boden unter den Füßen. Ich glaube, manchmal denkt man am liebsten an die letzten schönen Situationen, und beginnt, sich im Kreis zu drehen. Ich bin viel zu sehr mit mir selbst beschäftigt, und flatter nur so von Mensch zu Mensch. Ich denke, dass ich diese Oberflächlichkeit im Moment brauche.«

Wieder Regen. Unaufhörlich. der ganze Himmel, ein trostloses, mittleres Grau. Ich beschließe, ab jetzt nur noch für mich dazusein. Eine manchmal wunderbare Einsamkeit.

Das Licht der Straßenlaternen bricht sich in den durch Regentropfen aufgewühlten Pfützen. Ein kalter Wind weht mir ins Gesicht. Ich eile durch den Regen nach Hause. Das Wasser in den Pfützen spiegelt Dunkelheit. Ein Licht in

der Nacht. Ein schwarzes Loch. Hinter mir die Stadt. Vor mir das Nichts. Ich werde ganz langsam müde. Die Nacht um mich herum wird zur Nacht in meinem Kopf. Ich bin mir nicht ganz sicher. Alle spinnen. Keinen Gedanken verschwenden. Keine Zeit vergeuden. Nichts tun. Nicht die Geduld verlieren.

Es ist 0 Uhr 30, und ich glaube nicht, dass ich sie in dieser Woche noch einmal wiedersehen werde. Das Ticken der Uhr. Ich liege ein meinem Bett, und versuche zu schlafen. Ich kann nicht vergessen, was war. Ich schaue in die endliche Dunkelheit meines Zimmers. An den Wänden spiegeln sich die Lichter vorbeifahrender Autos. Mir ist heiß. Ich beweg mich so wenig wie möglich, um nicht meine Kleidung zu spüren, die an meinem Körper klebt.

Was ich mir für Gedanken mache, wenn ich in meinem Bett liege und gähne, und hinter mir der Wecker tickt. ›Schaffe ich es zu ihr?‹

Ein Traum mehr. Als wäre es gestern gewesen. Sie steht nach langer Zeit neben mir. Nicht im Licht. Ihre Hand. Sie soll mich halten. Ganz nah bei ihr. ›Du riechst so gut.‹ Ein Kuss? Bilder. Es ist die Zeit. Warten auf gestern.

In der letzten Nacht habe ich höchstens eineinhalb Stunden geschlafen. Ich kann immer noch nicht glauben, was los ist. Aber es ist wahr. Bedrückend. Und ich weiß wieder einmal nicht, was ich tun soll.

Warten auf gestern.

Und auch die Stille hat keine Antwort parat. Ich fahre im Bus durch die menschenleeren Straßen. Neben mir sitzt eine Frau mit einem rosafarbenen Regenschirm. In einem Fenster leuchtet eine gelbe Gummibärchen-Lampe. Ich möchte die ganze Nacht bei ihr sein.

Nun bin ich gerade nachhause gekommen, und schreibe ihr wieder. Ich möchte ihr nur sagen, dass ich sie immer noch sehr mag. Was zwischen uns gewesen ist, war eben, und ich mache mir keine falschen Vorstellungen oder Hoffnungen.

Ein Schwarm Vögel prescht durch die Luft. Sekunden ziehen Minuten nach sich, und die Zeit verrinnt wie Honig auf einer noch warmen Scheibe Toast.

Ich bahne mir eilig meinen Weg durch die Menge, obwohl es mir gleich sein kann, wann ich nachhause komme. Seit einer Woche hat sie nichts von sich hören lassen, und deshalb wird sie sich auch heute nicht melden.

21 Uhr 10. Das Warten wird unerträglich. Ich hoffe, dass sie noch anruft, obwohl ich weiß, dass sie es nicht tun wird. Vielleicht morgen? Vielleicht übermorgen? Vielleicht gar nicht. Ich nehme mir ein Stück Voll-Nuss-Schokolade, und denke, so wichtig ist es nicht. Vielleicht doch?

Mein Zimmer steht Kopf. Ich weiß nicht wie ich liegen soll, und wälze mich in meinem Bett von einer Seite auf die andere. Aus meinem Bauch kommen merkwürdige Ge-

räusche. In meinem Bett bin ich ganz weit weg.

Verschwommene, körnige Lichter in der Ferne. Ich schaue aus dem Fenster in die verregnete Nacht, und gähne. Graue Wolken am schwarzen Himmel. Stille. Ich weiß gar nichts mehr. Die Welt dreht sich weiter, und ich mich auch. Sie sieht mich an, und trotzdem glaube ich es nicht. Mein Kopf lügt. Nichts tut mir leid. Ich verliere mich in mir selbst. Ich friere und umkreise mich. Tausend Tage. Tausend Träume. Tausendmal. Und wenn auch. Wofür? Nicht für mich. Ich glaube, ich schaffe es, und dringe zu ihr. Ich finde sie in meinen Gedanken, doch verliere sie sogleich. Angst? Aber ich will. Ich muss sie morgen anrufen, egal was sie sagt. Ich mache mir keine Illusionen. Ich träume nur manchmal. Nur im Traum kann man durch Wände gehen.

Ich rutsche ganz nah an sie heran. Der Duft in ihrem Haar. Vorsichtig lege ich meinen Arm um ihre Hüfte, und spüre, wie sie atmet. Dann schlafe auch ich ein. Irgendwann werde ich wach, weil sie plötzlich unruhig geworden ist. Sie zuckt ein paar Mal leicht zusammen, und stöhnt im Schlaf. Ich halte sie etwas fester, gebe ihr einen Kuss auf die Wange. Sie beruhigt sich, und nimmt meine Hand.

Ein leises, undefinierbares Rauschen füllt den Raum.

Ich glaube mir nicht mehr.

Pochen, und dann und wann Poltern und das Klappen von Türen. Ihr warmer Atem an meinem Ohr. ganz dicht liegen wir beisammen. Meine Nase streift sanft ihre linke Wange. Ich bin fast süchtig nach ihrem Duft. Doch meine Vernunft siegt über mein Gefühl. Ich glaube mir nicht mehr. Es kann gar nicht sein, dass ich sie immer noch so sehr mag. Ein zwei Jahre nicht gesehen. Und trotzdem. Ich frage mich, ob es mir morgen noch genauso wichtig erscheint. Bestimmt.

Sie hat bei mir übernachtet, und mit mir zusammen gefrühstückt. Wir stehen zusammen im Hausflur, um uns voneinander zu verabschieden, und wissen nicht so recht, was wir sagen sollen. Sie umarmt mich, und ich drücke sie ganz fest an mich. Ich wehre mich gegen das, was ich für sie empfinde. Vergeblich.

»Ich habe die ganze Zeit über uns nachgedacht, und darüber, was ein Wochenende bedeuten kann. Mir bedeutet es viel. Alles wird sich wahrscheinlich mit der Zeit klären. Ich wollte nicht anrufen, weil wir beim letzte Mal gesagt haben, dass man nie weiß, was man sagen soll.«

Wir sprechen kaum miteinander. Ich sehe sie minutenlang an, weil sie interessante Augen und einen schönen Mund hat. Ich gebe ihr einen Kuss auf die Wange. ›Frohes neues Jahr.‹ Der eiskalte Wind lässt vertrocknetes

Papier in den kahlen Büschen rascheln. Der Weg wird immer länger.

Ich schreibe einen Brief auf einem Bogen karierten Umweltpapiers. Die Lampe knistert. Mir fällt nichts ein, obwohl es noch so viel zu sagen und zu fragen gibt. Ich trinke zwei Flaschen Weizenbier, schalte den Fernseher an, und versuche, mich von etwas abzulenken, was mich nicht mehr beschäftigt. Ein kurzes Vergessen. Ich bin mir nicht sicher, aber ich fühle mich gut. Guten Tag, Abend. Doppelt so viele Lichter an der Decke wie in der letzten Nacht. Die Bilder an den Wänden sind nur dunkle Formen. Zwei Uhren ticken im gleichen Takt. Ich überlege, worüber ich gerade nachdenke, und versuche, zu schlafen. Ich bin schon ganz weit weg. Aneinander vorbeireden. Nicht das Wesentliche treffen wollen.

Wir saßen fast zwei Stunden in einem Café, ohne etwas zu bestellen. Wir redeten, ohne miteinander zu sprechen. Und wir veranschiedeten uns, ohne auf Wiedersehen zu sagen.

Wie geht es mir eigentlich? Im Grunde ist es langweilig, jeden Tag morgens aufzustehen, und abends wieder ins Bett zugehen. Doch mir bleibt nichts anderes übrig. Wieder einmal ist es soweit, dass ich fort muss aus meiner täglichen Umgebung. Weg vom Hier und Jetzt in eine Zeit

ohne Zeit. Einfach weg. Einfach weg sein. Niemanden sehen. Niemanden sprechen. Allein sein. Ein paar Mücken sitzen am Fenster. Hoffentlich komme ich nicht eines Tages nach Hause, und bin schon längst da. Hoffentlich verlässt mich nicht eines Tages die Tatsächlichkeit.

Ich bin etwas abwesend und nicht ganz klar im Kopf. Welchen Wochentag haben wir heute? Ich kann nicht einschlafen. Vielleicht träume ich heute Nacht wieder von ihr. Es ist manchmal schwer, sich Gedanken zu machen. Es geht um uns zwei. Die Einsamkeit beginnt im Kopf.

Wir reden aneinander vorbei. Die weiße Ebene. Ich empfinde immer noch so viel für sie, und kann nichts dagegen tun. Sie sitzt vor mir. Sie schaut mich an. Sie lächelt. Momentan denke ich nur darüber nach, was ich morgen tun werde, und ob ich übermorgen das machen soll, wozu ich gestern nicht gekommen bin. Ob ich sie fragen soll? Ob ich es ihr sagen soll? Ich könnte ganz offen zu ihr sprechen, schließlich kennen wir uns gut genug. Allerdings bin ich mir nicht sicher, ob sie es verstehen wird. Manchmal hoffe ich, dass sie vor meiner Tür steht, wenn ich nach Hause komme, und gar nicht damit rechne, ihr zu begegnen. Manchmal möchte ich sie aber auch überhaupt nicht treffen, doch hoffe gleichzeitig, dass dieser Wunsch nicht in Erfüllung geht. Genauso stark, wie ich mich zu ihr hingezogen fühle, ist mein Wunsch, mich von ihr los-

Hallo, was macht die Zukunft.

reißen zu können.

Ich komme mir fremd vor. Alle gucken. Ich möchte sie küssen. Später rufe ich sie an. So geht es nicht. Ich bin bei ihr, und möchte ihr noch näher sein, darf aber nicht. Zu zweit ist es schön, aber schwierig. Vorläufig nicht mehr.

Durch das Astwerk laubloser Bäume fallen Sonnenstrahlen auf mein Gesicht, und blenden mich. Ich lese: ›Verflucht, die Welt ist wirklich, und jeder tut so, als wäre sie ein Traum, als wären wir selbst nur Träume.‹ Ich höre: ›Ein Angriff der Gegenwart auf meine übrige Zeit.‹

Ich sitze vor dem Fernseher, oder lese, oder laufe herum, oder sehe aus dem Fenster. Und abends, wenn ich im Bett liege, denke ich darüber nach, was ich noch alles tun muss. Ich muss erst einmal die Tage ordnen. Zwei Kerzen brennen. Hallo, was macht die Zukunft.

»Aber das beste ist wohl, die Zeit zu genießen, jede Möglichkeit zu nutzen, dich zu sehen, und ganz locker zu bleiben. Ich weiß wirklich nicht, wie es in der Zukunft aussehen wird. Aber ich will gar nicht erst anfangen, aufzuzählen, wieviele Nachteile es gibt. Das Hier und Jetzt ist entscheidend und Realität.

Dir nun zu schreiben, dass ich das Wochenende genauso schön fand wie du, wäre eigentlich langweilig. Ich denke oft, dass es gar nicht wahr sein kann, und zwinge ich immer wieder, einen klaren Kopf zu behalten, und mir zu sagen, es ist ja

auch irgendwann mal wieder vorbei.

Gefühle zu zeigen, macht einen verletzbar. Es ist nur Luft um mich herum.«

Die Gegenwart ist nicht mehr das, was sie mal war. Immer neue Katastrophenmeldungen aus meinem Hirn und meinem Herzen.

Je länger ich die Decke anstarre, desto stärker wird mein Gefühl, dass sie mir gleich auf den Kopf fällt. Ich sitze auf dem Boden, trinke ein Glas italienischen Weißwein, und versuche, meine Gedanken in Worte zu fassen. Am ersten Tag hat sie mir gefehlt. Am zweiten Tag habe ich sie vermisst.

»So wird wohl die Zukunft aussehen. Bloß nicht nachdenken. Ich träume lauter Quatsch, und höre mich selber im Schlaf schreien. Ich frage mich, wann die Zeit endlich einmal aufhört, mir unter den Fingern wegzurinnen. Resignation ist für mich generell das Ende. Ich fühlte mich von deinen Gedanken und Wünschen isoliert. Es ist ein Versuch.

Was soll ich nun schreiben. Ich habe das Gefühl, nichts mehr zu wissen. Wo bleibt die Zeit? Ich bin einfach sprachlos, und sehe im Moment überhaupt keine Perspektive. Ich kann dir nur die Fragezeichen zurückschicken. Er verblasst so vieles.«

Das letzte Mal. Es ist vorbei. Endgültig. Ich möchte

einfach nur in Ruhe dasitzen, und nichts tun. Ich. Allein. Nicht noch einmal alles durchmachen. Anfang. Ärger. Ende. Es geht nicht. So nicht. Dieses drückende Gefühl, Verpflichtungen eingehen zu müssen. Angst, etwas zu verlieren, was man schon deshalb gar nicht haben will. Verstehe ich es? Verstehen brauche ich es nicht. Ich habe einen Grund.

»Ich habe dich nicht vermisst in den Jahren, jedenfalls nicht bewusst. Manchmal habe ich an dich gedacht. Gerade jetzt denke ich, was ich mit dir erlebe, ganz tief aus dem Inneren kommt es, und wächst zu einer Sonne, die scheint und tanzt.«

Mein Herz schlägt schneller. Sie ist da. Ich nehme sie in meine Arme. Ich war schon lange nicht mehr so nervös, so glücklich, so verliebt. Abende wie dieser. So selten, so schön.

Spazierengehen am See. Enten, Küken, nur sie und ich. Ganz nah bei ihr. Ich schließe meine Augen, und denke nur an sie. Meine Lippen an ihrem linken Ohr. Ihr Haar duftet. Mit geschlossenen Augen sehe ich sie vor mir. Sie sagt: ›Steine sind stille Beobachter. Steine haben eine Seele, und trotzdem werden sie getreten, oder achtlos weggeworfen.‹

Ich stehe da und denke: ›Warum bin ich hier?‹ Nie-

Steine sind stille Beobachter.

mand erfährt es. Niemanden interessiert es. Vielleicht sollte ich gar nicht hier sein. Vielleicht sollte ich nicht bei ihr sein. Und dann? Niemanden interessiert es. Niemand versteht es. Um mich herum die unberechenbare Stille. Wer weiß, was sich tut, wenn sich nichts tut. Die Geschichte ist so schrecklich, aber so alltäglich. Nichts hält ewig, und was vorbei ist, ist vorbei.

Als ich bei ihr anrufe, erfahre ich, dass sie für ein paar Tage gar nicht in der Stadt ist.

»Je länger ich darüber nachdenke, desto mehr fühle ich mich belastet. Ich muss jetzt alleine sein. Es ist wohl zu spät für uns. Mir geht s immer noch schlecht. Die Umwelt existiert nicht mehr. Ich wandle durch die Gegend mit einer Betondecke auf dem Kopf. Eigentlich müsste man einfach weg. Alles ist so seltsam.«

Unzählige Muscheln liegen im gefrorenen Sand. Ein eisiger Wind weht mir ins Gesicht, und ich ziehe mir den Kragen meines Pullovers bis zu den Ohren hoch. Drei junge Katzen spielen auf einem verlassenen Grundstück. Ein Herrenfahrrad lehnt an einer Hauswand.

Spazierengehen, oder am Kamin sitzen und lesen. Ich habe ein Woche Zeit gehabt, darüber nachzudenken, was ich für sie empfinde. Doch ich weiß nicht, ob ich einfach zu ihr fahre, oder warte, bis sie sich meldet.

Nach einem fünften Longdrink sitze ich alleine am Tisch. Leute in bunten Hemden auf schwarzen Plastiksofas, deren Rückenlehnen mit Kuhfell verkleidet sind. An den mit grünem Samt bespannten Wänden hängen zweiarmige Lampen, und opulente goldene Bilderrahmen mit Abbildungen schnauzbärtiger Männer. Im Aquarium umkreisen kleine Fische wirr ein versenktes Plastik-Skelett, und knabbern an den Wasserpflanzen. An der Wand hängt ein Jesus-Bild und das überdimensionale Modell einer Afri-Cola-Flasche. Mit Goldfarbe gestrichene künstliche Tropfsteine. Typen mit Polohemd und lässig über die Schulter geworfenem Strickpullover, und andere Arschlöcher. Glücklicherweise selten.

Ich bestelle eine Tüte Chips mit Tomatenketchup-Aroma. Langer schwarzer Tresen, dahinter die Wohlgeformte, deren Namen ich immer noch nicht kenne, der ich aber das ein oder andere Freigetränk wert bin. Ganz am Ende des Tresens sitzt sie, die Hände gefaltet, natürlich mit dem Rücken zu mir. Leute in komischen T-Shirts bestellen komische Getränke. Tomatensaft mit Worcestersauce und Zimt, oder etwas Honig. Ich halte mich wieder 40 Minuten an einem Getränk auf, und warte darauf, dass irgendjemand kommt, den ich kenne. Obwohl es auch mal ganz schön ist, einfach nur so dazusitzen, und nicht die üblichen mehr oder weniger belanglosen Unterhaltungen führen zu müssen.

Ich streiche mich aus meiner Erinnerung.

Früher haben wir kaum miteinander gesprochen, und dann habe ich mich in sie verliebt, oft mit ihr telefoniert, sie oft gesehen. Aber nie in den Arm genommen, nie geküsst. Bis jetzt. Das erste und letzte Mal.

Jedes Mal sagt man sich, beim nächsten Mal wird alles anders, und jedes Mal weiß man, daraus wird nichts. Wie wird es diesmal sein, wenn sie fort ist? Was werde ich tun? Was werde ich nicht tun?

Ich streiche mich aus meiner Erinnerung an Vorgestern. In ein paar Tagen ist sie ganz weit weg. Eine letzte Umarmung. Eine halbe Minute vielleicht. Ein letzter Kuss. Ich habe sie verloren, ohne sie jemals gewonnen zu haben.

2 Uhr 43. Ich wasche mir mein Gesicht mit flüssiger Seife. Die kleine Spinne, die seit einiger Zeit an der Decke meines Badezimmers sitzt, ist nicht mehr da.

Ein Zug fährt vorbei. Mein Kühlschrank springt an. Ich putze mir die Zähne. Fussel schweben in der Luft.

Fussel schweben in der Luft.

Der Inhalt von *Fussel schweben in der Luft* ist in den Jahren 1984 bis 1997 entstanden. Absichtlich und zufällig.
Eine erste Auflage des Buchs erschien 1997.